BEI GRIN MACHT SICH IHR WISSEN BEZAHLT

AF140294

- Wir veröffentlichen Ihre Hausarbeit, Bachelor- und Masterarbeit

- Ihr eigenes eBook und Buch - weltweit in allen wichtigen Shops

- Verdienen Sie an jedem Verkauf

Jetzt bei www.GRIN.com hochladen und kostenlos publizieren

Bibliografische Information der Deutschen Nationalbibliothek:

Die Deutsche Bibliothek verzeichnet diese Publikation in der Deutschen National-
bibliografie; detaillierte bibliografische Daten sind im Internet über http://dnb.d-
nb.de/ abrufbar.

Impressum:

Copyright © 2014 GRIN Verlag, Open Publishing GmbH
Druck und Bindung: Books on Demand GmbH, Norderstedt Germany
ISBN: 9783668473782

Dieses Buch bei GRIN:

http://www.grin.com/de/e-book/369012/datenbankgestuetztes-artikelverwaltungs-
system-mit-java

Eugen Grinschuk, Daniel Falkner

Datenbankgestütztes Artikelverwaltungssystem mit Java

Vertiefte Programmierkonzepte in Java mit Beispielen

GRIN Verlag

GRIN - Your knowledge has value

Der GRIN Verlag publiziert seit 1998 wissenschaftliche Arbeiten von Studenten, Hochschullehrern und anderen Akademikern als eBook und gedrucktes Buch. Die Verlagswebsite www.grin.com ist die ideale Plattform zur Veröffentlichung von Hausarbeiten, Abschlussarbeiten, wissenschaftlichen Aufsätzen, Dissertationen und Fachbüchern.

Besuchen Sie uns im Internet:

http://www.grin.com/

http://www.facebook.com/grincom

http://www.twitter.com/grin_com

Datenbankgestütztes Artikelverwaltungssystem mit Java

Vertiefte Programmierkonzepte in Java

Eugen Grinschuk

und

Daniel Falkner

Inhaltsverzeichnis

Abbildungsverzeichnis   iii

Abkürzungsverzeichnis   iv

1 Einleitung   **1**
   1.1   Problemstellung und Ziel dieser Arbeit   1
   1.2   Aufbau der Arbeit   1

2 Grundlagen   **2**
   2.1   Swing   2
   2.2   Layoutmanager allgemein   3
      2.2.1   BorderLayout   3
      2.2.2   FlowLayout   3
      2.2.3   GridLayout   4
      2.2.4   BoxLayout   4
      2.2.5   GridBagLayout   4
   2.3   Steuerelemente   4
      2.3.1   JLabel   5
      2.3.2   JButton   5
      2.3.3   JTextField   5
      2.3.4   JSpinner   6
      2.3.5   JComboBox   6
      2.3.6   JTabbedPane   6

3 Anwendungsbeschreibung   **7**
   3.1   Controller   8
   3.2   Model   9
   3.3   View   10
      3.3.1   Layoutmanger   10
      3.3.2   Steuerelemete   11
      3.3.3   Eventhandling   16

4 Zusammenfassung   **17**
   4.1   Kritische Würdigung   17
   4.2   Ausblick   17

Literaturverzeichnis   v

Abbildungsverzeichnis

1	MVC Design Pattern	7
2	View beispielhafte Darstellung	10
3	View beispielhafte Darstellung	11
4	Definition von Gridlayout	11
5	Definition der Textfelder	12
6	Definition der Buttons	12
7	Definition Textfeld des zu löschenden Artikels	12
8	Anordnung der Steuerelemente	13
9	Definition Spinnermodel	14
10	Codeausschnitt Tab Artikelliste linke Seite	14
11	Codeausschnitt Tab Artikelliste rechte Seite	15
12	Codeausschnitt Tab Artikel Buttonfunktionalität	16
13	Codeausschnitt Tab Artikel Buttonfunktionalität	16

Abkürzungsverzeichnis

AWT   Abstract Windowing Toolkit

CD   Compact Disc

GUI   Graphical User Interface

HTML Hypertext Markup Language

JDBC   Java Database Connectivity

JFC   Java-Foundation-Classes

MVC   Model View Controller

RIA   Rich Internet Applications

SQL   Structured Query Language

1 Einleitung

Das Assignment für das Studienmodul JAV02 - Vertiefte Programmierkonzepte in Java - wurde von Daniel Falkner und Eugen Grinschuk gemeinsam erstellt. Deshalb wird eine einheitliche Gruppenbenotung gewünscht.

Flexibilität und Skalierbarkeit wird in der IT immer wichtiger, sodass nicht nur die Infrastruktur diese Eigenschaften erfüllen muss, sondern auch die darauf laufende Anwendung. Außerdem ist Plattformunabhängigkeit ebenfalls von großer Bedeutung, sodass mit Java eine Plattformunabhängigkeit ermöglicht wird, weshalb diese Programmiersprache ihren Einsatz in der hier beschriebenen Anwendung fand.

1.1 Problemstellung und Ziel dieser Arbeit

Die Problemstellung war, dass kein datenbankgestütztes Artikelverwaltungssystem mit grafischer Unterstützung vorlag, sodass die Artikel nicht zentral verwaltet und gespeichert werden konnten.

Das Ziel dieser Arbeit ist es, ein datenbankgestütztes Artikelverwaltungssystem mit Java zu entwickeln und zu beschreiben. Der Fokus bei der Beschreibung der Anwendung wird dabei auf Layoutmanager sowie Steuerelemente gelegt. Die restlichen Elemente der Anwendung werden, falls notwendig, nur kurz erwähnt und nicht weiter erläutert, da diese unter anderem, Gegenstand anderer Ausarbeitungen sind.

1.2 Aufbau der Arbeit

In Kapitel 2 werden wichtige Grundlagen behandelt, welche für ein besseres Verständnis der weiteren Arbeit notwendig sind. In Kapitel 3 wird die entwickelte Anwendung näher beleuchtet. Außerdem werden die verwendeten Layoutmanager sowie Steuerelemente und Eventhandler genauer beschrieben. Kapitel 4 bildet den Schluss dieser Arbeit, indem eine Zusammenfassung, eine kritische Würdigung sowie ein Ausblick gegeben wird. Die verwendete Datenbankstruktur sowie der im Laufe der Arbeit erstellte Programmquellcode befinden sich als Anlage auf der mitgesendeten Compact Disc (CD).

2 Grundlagen

In den nachfolgenden Unterkapiteln werden Swing sowie weitere zugehörige und in der Anwendungserstellung verwendete Steuerelemente näher erläutert. Des Weiteren wird der Layoutmanager allgemein sowie die bekanntesten Layoutmanager kurz vorgestellt.

2.1 Swing

Um die Bedienung einer Anwendung für den Benutzer komfortabel zu gestalten, werden oft grafische Bedienoberflächen, die sogenannte Graphical User Interface (GUI), erstellt. Java stellt mit Swing eine Klassenbibliothek zur Programmierung von grafischen Benutzeroberflächen bereit. Swing ist allerdings nicht die einzige Klassenbibliothek zum Erstellen von GUIs. Neben Swing gibt es noch unter anderem das mittlerweile veraltete Abstract Windowing Toolkit (AWT)[1] sowie den aktuellen JavaFX[2]. Swing ist dabei eine Teilmenge der Java-Foundation-Classes (JFC) und eine Zusammenstellung von mehreren Klassenbibliotheken die folgende Merkmale zur Erstellung von grafischen Benutzeroberflächen zur Verfügung stellen[3]. Die GUI-Komponenten, auch Steuerelemente genannt, werden im späteren Kapitel 2.3 noch im Detail erörtert. Pluggable 'Look and Feel' ermöglicht es, dass die Anwendung sich an das Aussehen und das Verhalten von unterschiedlichen Plattformen automatisch anpasst. So ist das Windows 'Look and Feel' nur unter Microsoft Windows, das Macintosh hingegen nur unter der Apple Mac OS-Plattform verfügbar. Accessibility bietet die Möglichkeit Anwendungen um Funktionen der Barrierefreit zu erweitern. Dazu ist es beispielsweise möglich eine Spracheingabe und -ausgabe zu integrieren. Java 2D ist für die Druckausgabe verantwortlich und kann auch für das Zeichnen von Diagrammen verwendet werden. Mit der Internationalisierung können Anwendungen mit wenig Aufwand multilingual erstellt werden[4].

---

[1][Ullenboom, 2011] Seite 1013 - 1020
[2][Steyer, 2014] Seite 7 - 9
[3][Habelitz, 2014] Seite 263 -264
[4][Heinisch et al., 2010] Seite 818 - 819

2.2 Layoutmanager allgemein

Der Layoutmanager in Java nimmt dem Programmierer viel Arbeit bei der Erstellung der GUI ab. Denn er ordnet die Komponenten automatisch an, sodass der Programmierer die Komponenten nicht einzeln manuell positionieren muss. Ebenfalls die Größe der jeweiligen Komponenten übernimmt der Layoutmanager und passt diese an, sodass auch hier der manuelle Eingriff durch den Programmierer erspart bleibt. Ändert sich die Größe der Komponente oder des Fensters, so wird die Größe der Komponenten automatisch skaliert, um die ideale Größe dieser zu gewährleisten. Die meisten Layoutmanager können verwendet werden, wenn die java.awt Class eingebunden wird[5]. In den nachfolgenden Unterkapiteln werden die bekanntesten fünf Layoutmanager näher erläutert.

2.2.1 BorderLayout

Mit dem BorderLayout werden die Container des Fensters in fünf verschiedene Zonen eingeteilt, wobei nicht alle Zonen belegt werden müssen. Die Zonen North & South erhalten eine bevorzugte Höhe und eine sämtliche Breite. West & South hingegen erhalten eine bevorzugte Breite und die verfügbare Höhe. Die mittig befindliche Zone Center erhält die restliche Größe. Die Platzierung wird automatisch geregelt, sodass sich der Programmierer um diese nicht kümmern muss[6].

2.2.2 FlowLayout

Das FlowLayout ordnet die Komponenten nebeneinander an. Sollte die Komponente nicht in die Zeile passen, dann bricht das FlowLayout automatisch um, sodass Größe des Fensters und Positionierung der Komponenten wieder passen. Die Ausrichtung der Komponenten kann dabei mittels FlowLayout.LEFT bzw. RIGHT oder CENTER bestimmt werden[7].

---

[5][Heinisch et al., 2010] Seite 852 - 853
[6][Heinisch et al., 2010] Seite 856 - 858
[7][Heinisch et al., 2010] Seite 853 - 855

2.2.3 GridLayout

GridLayout ist ein verbreiteter und relativ einfach zu implementierender Layoutmanager, welcher gerne verwendet wird. GridLayout ordnet dabei die Komponenten in einer Tabelle an. Allerdings muss der Programmierer hier die Anzahl der Zeilen und Spalten bestimmen. Werden weniger Zeilen als benötigt bestimmt, ordnet GridLayout die weiteren Komponenten selbstständig an und verschiebt diese in die nächste Zeile. Die Anordnung der Komponenten wird dabei durch die Reihenfolge beim Hinzufügen der Komponenten festgelegt[8].

2.2.4 BoxLayout

Beim BoxLayout findet die Anordnung der Komponenten horizontal sowie vertikal statt. Dabei wird die Anordnung mittels den Methoden BoxLayout.X_AXIS für die Ausrichtung an der X-Achse sowie mittels BoxLayout.Y_AXIS für die Ausrichtung an der Y-Achse, vorgenommen[9].

2.2.5 GridBagLayout

Das GridBagLayout ist eine Erweiterung des GridLayouts, welches jedoch komplexer, aber auch flexibler ist. Wie auch beim GridLayout findet beim GridBagLayout die Einteilung der Komponenten in Zeilen und Spalten statt. Unterschiedlich ist jedoch, dass die Zeilen und Spalten individuelle Größen haben können, sodass sich dadurch mehr Flexibilität bei der Anordnung und Gestaltung der einzelnen Komponenten ergibt[10].

2.3 Steuerelemente

Um eine GUI zu erstellen werden unterschiedliche Elemente zur Interaktion mit dem Benutzer verwendet. Java Swing stellt eine vielzahl von Elementen, je nach Verwendungszweck, zur Verfügung[11]. Die folgenden Elemente wurden in der erstellten Anwendung verwendet. Zudem wurde ein JTable Element verwendet, welches aber nicht

---

[8][Heinisch et al., 2010] Seite 855 - 856
[9][Heinisch et al., 2010] Seite 864 - 866
[10][Heinisch et al., 2010] Seite 860 - 864
[11][Ullenboom, 2011] Seite 1015 - 1018

im Detail in dieser Arbeit vorgestellt wird, da es Teil einer seperaten Aufgabenstellung ist[12].

2.3.1 JLabel

Ein JLabel von der zugehörigen Klasse javax.swing.JLabel kann dazu verwendet werden einen einfachen Text oder eine Grafik als Icon darzustellen. Als Text kann auch ein mit Hypertext Markup Language (HTML) formatierter Text dargestellt werden. Zudem kann es auch zur Beschriftung von Eingabefeldern verwendet werden. Ist das JLabel einer Komponente zugeordnet, ist die Zuweisung eines Tastenkürzels möglich. Dies erhöht die Usability der GUI-Anwendung erheblich[13].

2.3.2 JButton

Ein einfacher Button kann mit der Klasse javax.swing.JButton realisiert werden. Dieser Button kann Text oder auch eine Grafik enthalten. Im Gegensatz zu einem JToggle-Button, welcher mehr einem Schalter ähnelt, wechselt ein JButton nach dem Drücken mit der Maus, immer wieder in seinen ursprünglichen Zustand zurück. Ein Button gehört zu den wichtigsten Steuerelementen bei der GUI-Programmierung[14]. Um auf die Benutzerinteraktion reagieren zu können, kann dem Button ein ActionListener zugewiesen werden. Mittels diesem ActionListener können verschiedene Aktionen, zum Beispiel das Drücken des Buttons, ausgewertet werden[15][16].

2.3.3 JTextField

Ein JTextField ist die einfachste Komponente zur Eingabe von Freitexten. Dabei zeigt es einen unformatierten und einzeiligen Bereich zur Texteingabe an. Jeder Tastendruck löst einen ActionEvent aus, dadurch ist es möglich die Eingaben zu filtern und während der Benutzerinteraktion sofort Rückmeldungen zu nicht validen Eingaben tätigen. Seit Java 1.4 gibt es dafür eine Erweiterung, namens JFormattedTextField. Diesem Textfeld

---

[12][Heinisch et al., 2010] Seite 891 - 964
[13][Heinisch et al., 2010] Seite 891 - 964
[14][Heinisch et al., 2010] Seite 891 - 964
[15][Ullenboom, 2011] Seite 1051 - 1054
[16][Heinisch et al., 2010] Seite 867 - 877

können Formatierungsobjekte zugewiesen werden. Dadurch ist es möglich in kürzester Zeit einfache Validierungen, zum Beispiel nach Datum oder von Geldbeträgen zu realisieren[17].

2.3.4 JSpinner

Der JSpinner wurde in Version 1.4 mit aufgenommen und ist eine Kombination aus Textfeld sowie zwei Buttons zum Erhöhen beziehungsweise Verringern des Wertes. Die Komponente unterstützt drei verschiedene Datenmodelle. Das SpinnerNumber-Model zur Anzeige von Zahlen, das SpinnerDateModel für Datumsangaben und das SpinnerListModel für eine Liste von unterschiedlichen Werten[18].

2.3.5 JComboBox

Die Klasse JComboBox stellt ein einfaches Pulldown-Menü dar. Beim Klick auf das Element klappt dieses nach unten auf und der Benutzer kann eine Auswahl treffen. Dieses Element eignet sich vorallem wenn aus mehreren Werten einer exklusiv vom Benutzer ausgewählt werden soll[19]. Ein sehr weit verbreitetes Beispiel zum Einsatzzweck einer JComboBox, ist in Texteditoren zum Einstellen der Schriftgröße zu finden.

2.3.6 JTabbedPane

Eine Layoutgruppierung kann mit der JTabbedPane erstellt werden. Dabei kann auf die einzelnen Komponenten über die Registerkarten, den sogenannten Tabs, zugegriffen werden. Dies ermöglicht eine schnelle und übersichtliche Navigation zwischen den Komponenten. Diese Darstellungsform erfreut sich mittlerweile sehr großer Beliebtheit und wird bei moderenen Webbrowsern implementiert, um mehrere Webseiten in eigenen Tabs öffnen und im Anschluss bequem zwischen ihnen hin und her wechseln zu können[20].

---

[17][Heinisch et al., 2010] Seite 891 - 964
[18][Heinisch et al., 2010] Seite 891 - 964
[19][Heinisch et al., 2010] Seite 891 - 964
[20][Heinisch et al., 2010] Seite 891 - 964

3   Anwendungsbeschreibung

Die erstellte Anwendung wurde in der Programmiersprache Java[21] implementiert. Zur Erstellung der GUI wurden die bereits in den Grundlagen erörterten Steuerelemente verwendet. Für einen sauberen und auch sicheren Programmierstil gibt es für unterschiedliche Problemstellungen mehrere Programmiervorlagen, die sogenannten Design Patterns. Für GUI-Anwendungen hat sich das Model View Controller (MVC) Pattern etabliert[22]. Damit erfolgt eine klare Trennung des Programmcodes in drei Teile, welche für einen übersichtlichen und sauberen Programmcode sorgt. Dies bringt gerade bei größeren Programmen und bei mehreren Programmierern einen entscheidenden Vorteil mit sich. Nichtsdestotrotz sollte auch bei kleineren Programmen bereits auf dieses Muster zurückgegriffen werden, da eine spätere Umstellung, sollte das Programm wachsen, sehr großen Aufwand mit sich zieht. Die Folge wird in den meisten Fällen sein, dass die Anwendung komplett neu geschrieben werden muss. Die drei Teile des MVC Pattern teilen sich in das Model, dem View und dem Controller ein. Die folgende Abbildung zeigt das wechselnde Zusammenspiel dieser.

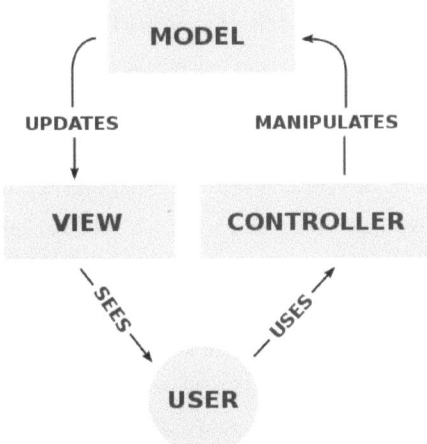

Abbildung 1: MVC Design Pattern. Quelle: [MVC, Wikipedia, 2014]

---

[21][Java Dokumentation, Orcale, 2014]
[22][Heinisch et al., 2010] Seite 822 - 832

Der Controller ist das Zwischenstück zum Datenmodel und der View-Schicht. Ein Benutzer greift immer auf einen Controller zu. Dieser ruft Daten ab oder manipuliert diese innerhalb des Models, welches für die Datenhaltung zuständig ist. Ein Datenmodel kann so implementiert werden, dass eine darunterliegende Datenbank transparent integriert und für den Controller diese völlig irrelevant ist. Änderungen an den Daten im Model ziehen Änderungen am View mit sich. Die View-Schicht, in dieser Anwendung die Swing GUI, bereitet die Daten aus dem Model in eine für den Benutzer freundliche Oberfläche auf. Dieser Kreislauf wiederholt sich mit jeder Benutzerinteraktion an der Anwendung. Zudem kann der Controller kleinere Änderungen direkt dem View übergeben[23].

3.1 Controller

Die Klasse *MainController* stellt den Controller innerhalb der Anwendung dar[24]. Die Klasse implementiert das Interface eines *ActionListener* und kann dadurch die Benutzerinteraktionen auswerten. Dadurch muss der MainController beim Initialisieren der *MainView* Klasse sich selbst mittels *this* dem Konstruktor übergeben. Die zweite Schicht, das Model, wird mit der *Artikelverwaltung* Klasse instanziiert. Diese Klasse enthält eine Methode *initDBData*, mit welcher die Daten erstmals geladen werden können. Des Weiteren wird dem Model der View als Observer zugewiesen. Ein Observer ist ein weiteres Design Pattern, welches im nächsten Unterkapitel des Models im Detail erörtert wird. Der View stellt über ein definiertes Interface, die Java Klasse *MVCViewInterface*, die benötigten Methoden bereit, um mit ihm interagieren zu können. Innerhalb der überschriebenen, vom *ActionListener* definierten Methode, *actionPerformed* reagiert der Controller auf folgende Benutzerinteraktionen am View. Einen neuen Artikel hinzufügen, damit werden die Daten des neuen Artikels ausgelesen und dem Datenmodell übergeben. Die einfache Abbrechen Funktion leert lediglich die Eingabefelder des neuen Artikels. Eine Löschen Funktion wird über die Spinner Komponente und die Tabellenanzeige ermöglicht. Letztere bietet zudem die Möglichkeit der Mehrfachauswahl zum Löschen von Artikeln. Die letzte Methode bietet die Möglichkeit,

---

[23][Siebler, 2014] Seite 48
[24][Heinisch et al., 2010] Seite 877 - 882

die Tabellenanzeige anhand der verfügbaren Spalten zu sortieren.

3.2 Model

Für die Datenhaltung wurde die freie Structured Query Language (SQL)-Datenbank MySQL verwendet. Java bietet mit Java Database Connectivity (JDBC) eine komfortable Möglichkeit zum Zugriff auf verschiedenste Datenbanktypen. Zum Zugriff auf die Datenbank muss für jeden Datenbanktyp ein JDBC Treiber implementiert werden[25]. Dieser steht zum Download auf der Herstellerseite bereit. Das Model besteht zur einfacheren Übersichtlichkeit aus drei Java-Klassen. Die Klasse *Artikel* dient als Datenspeicher für einen Artikel aus der Datenbank und beinhaltet alle Attribute analog zum Aufbau der Datenbanktabelle. Zudem stellt sie die benötigten Getter und Setter Methoden für die Attribute zur Verfügung. Mit der *toString* Methode kann das Objekt bequem ausgegeben werden und der Name des Artikels wird dabei zurückgegeben. Für die Konfiguration und den Aufbau der Datenbankverbindung wurde die Klasse *Datenbank* erstellt. Die Klasse wurde nach dem Singleton Pattern implementiert. Dies bringt den Vorteil mit sich, dass bei mehreren Zugriffen auf das Objekt immer die gleiche Datenbankverbindung benutzt wird[26]. Beim ersten Instanziieren der Klasse wird die Verbindung zur Datenbank aufgebaut. Die Konfiguration der Datenbankverbindung wird über den String *DBURL* durchgeführt. Über die Methode *getConnection* kann das *Connection* Objekt zur weiteren Interaktion mit der Datenbank angefordert werden. Die Klasse *Artikelverwaltung* ist für den Controller der zentrale Zugriff auf die darunterliegende Datenbank. Die Klasse wurde mit Observer Pattern implementiert. Dieses Pattern gehört zur Kategorie Verhaltensmuster und mit ihm können Änderungen an andere Objekte übergeben werden[27]. Dies wird mit der Methode *notfiyObervers* angestoßen. Jeder registrierte Observer muss das Inferface *Observer* implementieren und bei einer Änderung wird die dazugehörige Methode update aufgerufen. Dabei ist es möglich mehrere Observer zu registrieren. Bei Änderungen innerhalb der Artikelverwaltung wird diese neu eingelesen und folglich alle Observer, in diesem Fall die

---

[25] [Heinisch et al., 2010] Seite 1072 - 1074
[26] [Siebler, 2014] Seite 1 - 18
[27] [Siebler, 2014] Seite 35 - 50

View Klasse *MVCView*, benachrichtigt.

3.3 View

View ist der dritte Teil des Controller Model View Patterns und wird als eine separate Java-Klasse geführt. Damit wird es erst möglich gemacht, dass die einzelnen GUI-Elemente sichtbar werden. Hier sind die einzelnen Steuerelemente sowie der Layoutmanager enthalten. Die nachfolgende Abbildung zeigt beispielhaft die GUI, nach Ausführung des Codes.

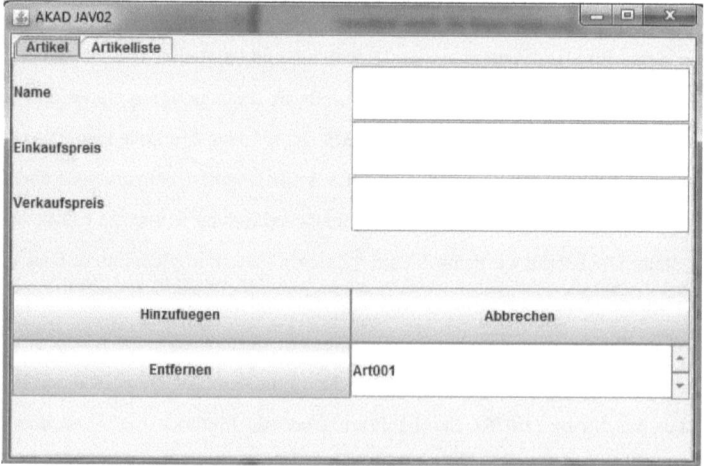

Abbildung 2: View beispielhafte Darstellung

Die jeweils verwendeten Steuerelemente sowie der Layoutmanager werden in den nachfolgenden Unterkapiteln anhand von Codebeispielen näher erläutert.

3.3.1 Layoutmanger

Als Layoutmanager wurde GridLayout verwendet. Dieser ist einfach zu implementieren und ordnet die einzelnen Elemente in Zeilen und Spalten ein. Bei der Anwendung wurde GridLayout drei Mal verwendet. Das erste Mal für die Darstellung des ersten Tabs Artikel, welcher in Abbildung 2 ersichtlich ist. Die beiden weiteren Male für die Darstellung des zweiten Tabs Artikelliste, welcher in Abbildung 3 ersichtlich ist.

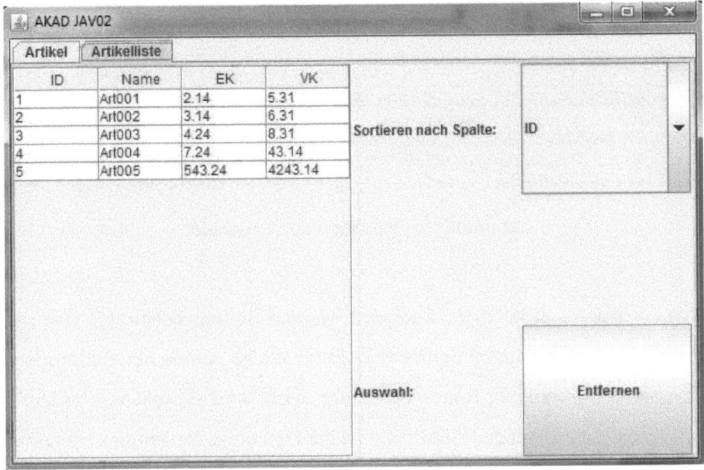

Abbildung 3: View beispielhafte Darstellung

Aufgrund der Verschachtelung des GridLayouts unter der Zuhilfenahme des leicht-gewichtigen GUI-Containers[28] JPanel, konnte die Darstellung, wie in Abbildung 3 ersichtlich ist, abgebildet werden. Die dafür verwendeten Steuerelemente werden im Kapitel 3.3.2 näher erläutert.

3.3.2 Steuerelemete

Damit die einzelnen Textfelder und Buttons samt Beschriftungen in die GUI kommen und sichtbar sind, müssen diese zunächst erstellt werden. Um die Darstellung wie in Abbildung 2 für den Tab Artikel zu erstellen, wird das GridLayout mit dem Namen *gl* erstellt. Das GridLayout für den Tab Artikelliste wird mittels *gl2* und *gl3* definiert, was in der nachfolgenden Abbildung ersichtlich ist.

```
41    private GridLayout gl = new GridLayout();
42    private GridLayout gl2 = new GridLayout();
43    private GridLayout gl3 = new GridLayout();
```

Abbildung 4: Definition von Gridlayout

Das Textfeld, indem der Name des Artikels eingegeben werden kann, ist als *tf_name*

---
[28][Heinisch et al., 2010] Seite 846 - 848

definiert. Für die Darstellung des Einkaufs- und Verkaufspreises wird ein formatiertes Textfeld, *tf_ek* und *tf_vk*, verwendet, da die Preise mit zwei Nachkommastellen eingegeben werden können. Abbildung 5 zeigt dies beispielhaft auf.

```
44    private JTextField tf_name = new JTextField();
45    private JFormattedTextField tf_ek = new JFormattedTextField(format);
46    private JFormattedTextField tf_vk = new JFormattedTextField(format);
```

Abbildung 5: Definition der Textfelder

Um auch Aktionen ermöglichen zu können, werden Buttons benötigt. Diese werden samt Beschriftung mit JButton definiert. Die eigentliche Aktion der Buttons, welche bei Klick auf den jeweiligen Button ausgeführt wird, wird im späteren Verlauf noch erläutert. In der nachfolgenden Abbildung ist die Definition der Buttons ersichtlich.

```
47    private JButton b_add = new JButton("Hinzufuegen");
48    private JButton b_can = new JButton("Abbrechen");
49    private JButton b_del = new JButton("Entfernen");
50    private JButton b2_del = new JButton("Entfernen");
```

Abbildung 6: Definition der Buttons

Des Weiteren muss das Textfeld definiert werden, in dem der zu löschende Artikel eingetragen werden kann. Dieses wird mittels JSpinner und JSpinnerListModel erstellt. Zunächst müssen beide definiert werden, wie beispielhaft in Abbildung 7 in den Zeilen 51 und 53 dargestellt.

```
51    private JSpinner spinner = new JSpinner();
52    private JTabbedPane tabbedPane = new JTabbedPane();
53    private SpinnerListModel sp_model = new SpinnerListModel();
```

Abbildung 7: Definition Textfeld des zu löschenden Artikels

Um das Layout für den Tab Artikel abschließend definieren und erstellen zu können, werden Bezeichnungen für die Textfelder benötigt. Diese werden erst bei der Anordnung der GUI-Elemente erstellt. Dies spart nicht nur Zeilen im Code, was bei großen Anwendungen von Vorteil ist, sondern verringert die Gefahr auf Spaghetti-Code, was wiederum zur höheren Performance der Anwendung beiträgt. Bei der Anordnung der Steuerelemente muss bei der Verwendung des Layoutmanagers GridLayout sehr genau aufgepasst werden. Die Anordnung der Steuerelemente muss in der richtigen Reihen-folge und unter Beachtung der zuvor festgelegten Anzahl von Zeilen und Spalten ge-schehen. Andernfalls würde das Layout nicht wie gewünscht aussehen. In der erstellten Anwendung wurde zunächst ein GUI-Container *panel1* für die Steuerelemente mittels *JPanel()* erstellt. Diesem wurde das definierte GridLayout *gl* unter der Festlegung von 2 Spalten und 7 Zeilen zugeordnet. Mit *panel1.add* werden die einzelnen Steuerele-mente dem Panel in der gewünschten Reihenfolge hinzugefügt. In den Zeilen 84, 87 und 90 aus Abbildung 8, werden nun die Beschriftungen der Textfelder vorgenommen, welche in den jeweils darauf folgenden Zeilen zu finden sind. Die Textfelder werden mittels Leerzeilen von den Buttons getrennt, was in den Zeilen 93 und 94 ersichtlich ist.

```
77        JPanel panel1 = new JPanel();
78
79        gl.setColumns(2);
80        gl.setRows(7);
81
82        panel1.setLayout(gl);
83
84        panel1.add(new JLabel("Name"));
85        panel1.add(tf_name);
86
87        panel1.add(new JLabel("Einkaufspreis"));
88        panel1.add(tf_ek);
89
90        panel1.add(new JLabel("Verkaufspreis"));
91        panel1.add(tf_vk);
92
93        panel1.add(new JLabel(""));
94        panel1.add(new JLabel(""));
95
96        panel1.add(b_add);
97        panel1.add(b_can);
```

Abbildung 8: Anordnung der Steuerelemente

Damit das Layout für den Tab Artikel endgültig abgeschlossen werden kann, muss die Verschachtelung von Spinner und SpinnerModel stattfinden. Die Funktionalität dieses Textfeldes wird durch Hinzufügen des Buttons sowie des Spinners selbst sichergestellt. Damit lässt sich nun wie in Abbildung 2 ersichtlich, zwischen den vorhandenen Arti-keln hoch und runter navigieren. Abbildung 9 zeigt beispielhaft den verwendeten Code für die Erstellung dieses Textfeldes auf.

```
 99        spinner.setModel(sp_model);
100        panel1.add(b_del);
101        panel1.add(spinner);
```

Abbildung 9: Definition Spinnermodel

Der Tab Artikelliste wird mit zwei GridLayouts erstellt. Wie in Abbildung 3 ersichtlich, dient der linke Teil der GUI für die Übersicht der Artikel samt Informationen. Der rechte Teil der GUI ermöglicht die Sortierung der Daten nach auswählbaren Kriterien sowie die Möglichkeit der Löschung bestimmter Datensätze aus der Datenbank. Beim Löschen können ein oder mehrere Datensätze ausgewählt und durch Klicken des Buttons Entfernen aus der Datenbank entfernt werden. Bei der linken Seite des Tabs Artikelliste wurde ein Layout von zwei Spalten und einer Zeile gewählt. Sollten mehr Zeilen benötigt werden, so werden diese automatisch hinzugefügt. Die Spaltenüberschriften werden in einen String-Array mit dem Namen *ueberschrift* hinzugefügt. Mittels *DefaultTableModel(null, ueberschrift)* und dem nachfolgenden Hinzufügen zur Tabelle in Zeile 126 aus Abbildung 10, wird erreicht, dass die Daten in Form einer Tabelle dargestellt sowie die Überschriften aus dem zuvor definierten String-Array entnommen werden. Die Tabelle muss vor der Verwendung mittels JTable erstellt werden. Mit dem Code aus Zeile 128 wird erreicht, dass die Tabelle horizontal scrollbar ist, falls zu viele Einträge vorhanden sind, sowie fügt die Tabelle der GUI hinzu. Die nachfolgende Tabelle zeigt einen Ausschnitt des Codes für die linke Seite des Tabs Artikelliste.

```
114       // Links Panel mit 2 Spalten
115       JPanel panel2 = new JPanel();
116
117       gl2.setColumns(2);
118       gl2.setRows(1);
119
120       panel2.setLayout(gl2);
121
122       String[] ueberschrift = {"ID", "Name",  "EK",   "VK"};
123
124       model = new DefaultTableModel(null, ueberschrift);
125
126       this.table = new JTable(model);
127
128       panel2.add(new JScrollPane(table));
```

Abbildung 10: Codeausschnitt Tab Artikelliste linke Seite

Die rechte Seite des Tabs Artikelliste wird unter Verwendung des zu Anfang definierten *gl3* GridLayouts und Festlegung von zwei Spalten sowie drei Zeilen dargestellt. In der ersten Zeile wird das Sortieren ermöglicht. Die Auswahlmöglichkeiten sind aufgrund der Verwendung einer JComboBox gegeben, welche zuvor mittels JComboBox *cb_sort = new JComboBox()* erstellt werden müssen. Die Zeilen 139 und 140 in Abbildung 11 zeigen die Beschriftung der JComboBox sowie das Hinzufügen der Beiden auf. Anschließend wird die Sortier- sowie Löschfunktion durch eine Leerzeile getrennt, was in den Zeilen 142 und 143 ersichtlich ist. Das Löschen der ausgewählten Datensätze wird durch das Hinzufügen des Löschbuttons ermöglicht, welcher samt Beschriftung in den Zeilen 145 und 146 in der nachfolgenden Abbildung abgebildet ist.

```
130          // Rechtes Panel integriert
131
132          JPanel panel3 = new JPanel();
133
134          gl3.setColumns(2);
135          gl3.setRows(3);
136
137          panel3.setLayout(gl3);
138
139          panel3.add(new JLabel("Sortieren nach Spalte: "));
140          panel3.add(this.cb_sort);
141
142          panel3.add(new JLabel(""));
143          panel3.add(new JLabel(""));
144
145          panel3.add(new JLabel("Auswahl: "));
146          panel3.add(b2_del);
147
148
149          panel2.add(panel3);
```

Abbildung 11: Codeausschnitt Tab Artikelliste rechte Seite

Um die unterschiedlichen Tabs überhaupt zu ermöglichen, wird JTabbedPane verwendet. Nach Definition von JTabbedPane, können die benötigten Tabs anschließend im weiteren Programmierverlauf hinzugefügt werden, beispielsweise durch *this.tabbed Pane.addTab('Artikel', panel1)*. Damit erscheint der Tab Artikel. Der Tab Artikelliste wird mittels *this.tabbedPane.addTab ('Artikelliste', panel2)* hinzugefügt. Die Sichtbarkeit der beiden Tabs in der GUI wird anschließend mit *add(tabbedPane)* erreicht. Nun ist das Layout der beiden Tabs definiert. Beim Ausführen erscheint die GUI, allerdings sind alle Buttons ohne jegliche Funktion. Damit sich dies ändert, ist weiterer Programmieraufwand von Nöten. Dieser wird im nachfolgenden Kapitel 3.3.3 näher erläutert.

3.3.3 Eventhandling

Damit durch Klick auf einen Button die jeweilige Funktion ausgelöst wird, müssen weitere Funktionen implementiert werden. Der ActionListener ist eine Funktion, welche bei Klick auf den Button ausgelöst wird. Da das MVC Pattern verwendet wurde, wird beim addActionListener des jeweiligen Buttons control verwendet und die jeweilige Funktion durch setActionCommand dem jeweiligen Button hinzugefügt[29]. Die nachfolgende Abbildung zeigt dies beispielhaft am Codeausschnitt des Tabs Artikel.

```
70        this.b_add.addActionListener(control);
71        this.b_add.setActionCommand("add");
72        this.b_can.addActionListener(control);
73        this.b_can.setActionCommand("can");
74        this.b_del.addActionListener(control);
75        this.b_del.setActionCommand("del");
```

Abbildung 12: Codeausschnitt Tab Artikel Buttonfunktionalität

Damit wird erreicht, dass im Controller auf die entsprechende Funktion des Buttons gewartet wird. Wird ein Button geklickt, so wird die entsprechende Funktion in der Klasse *MainController* ausgeführt. Abbildung 13 zeigt dies beispielhaft anhand des Buttons Hinzufuegen.

```
42        // Neuen Artikel hinzufuegen
43        if(arg0.getActionCommand().equals("add")){
44
45            Double ek = Double.parseDouble(view.getEK().replace(",", "."));
46            Double vk = Double.parseDouble(view.getVK().replace(",", "."));
47
48            this.av.addArtikel(view.getName(), ek, vk);
49
50        // Abbrechen, GUI Felder leeren
51        } else if (arg0.getActionCommand().equals("can")){
```

Abbildung 13: Codeausschnitt Tab Artikel Buttonfunktionalität

Damit sind die Buttons nun ebenfalls funktional und die Anwendung kann für den geplanten Verwendungszweck eingesetzt werden.

---

[29][Heinisch et al., 2010] Seite 867 - 872

4 Zusammenfassung

Zusammenfassend lässt sich feststellen, dass das mit Java entwickelte datenbankgestützte Artikelverwaltungssystem flexibel und übersichtlich ist. Damit können die Artikel nun zentral verwaltet und gespeichert werden. Außerdem ist unter Verwendung der Programmiersprache Java eine Plattformunabhängigkeit gegeben, sodass keine spezielle Software, außer der Anwendung selbst und der entsprechenden Java-Version, notwendig ist. Die Verwendung von etablierten Design Patterns bietet eine übersichtliche Gestaltung des Programmcodes. Zudem hilft die Verwendung von Prepared Statements bei der Vermeidung von Sicherheitsproblemen auf Basis von SQL-Injections[30].

4.1 Kritische Würdigung

Bei der Erstellung des datenbankgestützten Artikelverwaltungssystems hätte ein anderer Layoutmanager verwendet werden können, welcher die Darstellung der Anwendung nochmals übersichtlicher gestalten könnte. Das GridBagLaqout bietet gegenüber dem verwendeten Layoutmanager GridLayout eine erweiterte Konfigurationsmöglichkeit und ist bei der Implementierung flexibler. Dadurch wirkt die Anwendung für den Benutzer professioneller und die Anordnung der Steuerelemente kann benutzerfreundlicher erfolgen.

4.2 Ausblick

Reine, mit Java Swing implementierte, Desktop Anwendungen werden mittelfristig mit großer Wahrscheinlichkeit durch plattformübergreifende Rich Internet Applications (RIA) mit dem JavaFX Framework[31] abgelöst. JavaFX beinhaltet weitere, zusätzliche Steuerelemente, welche für eine moderne GUI-Anwendung mittlerweile unumgänglich sind. Daher gilt es, im Vorfeld dieses Framework für eine Neuentwicklung von GUI-Anwendungen in Betracht zu ziehen.

---

[30][Schadow, 2014] Seite 107 - 123
[31][Steyer, 2014]

Literaturverzeichnis

[Habelitz, 2014] Habelitz, H.-P. (2014). *Programmieren lernen mit Java - Aktuell zu Java 8 - Keine Vorkenntnisse erforderlich.* Galileo Press GmbH, Bonn, 2. aufl. edition.

[Heinisch et al., 2010] Heinisch, C., Müller-Hofmann, F., and Goll, J. (2010). *Java Als Erste Programmiersprache - Vom Einsteiger Zum Profi.* Springer-Verlag, Berlin Heidelberg New York.

[Java Dokumentation, Orcale, 2014] Java Dokumentation, Orcale (2014). Abruf am 20.09.2014. *http://docs.oracle.com.*

[MVC, Wikipedia, 2014] MVC, Wikipedia (2014). Abruf am 19.09.2014. *http://upload.wikimedia.org/wikipedia/commons/thumb/a/a0/MVC-Process. svg/500px-MVC-Process.svg.png.*

[Schadow, 2014] Schadow, D. (2014). *Java-Web-Security - Sichere Webanwendungen mit Java entwickeln.* Dpunkt.Verlag GmbH, Heidelberg, 1. auflage edition.

[Siebler, 2014] Siebler, F. (2014). *Design Patterns mit Java - Eine Einführung in Entwurfsmuster.* Carl Hanser Verlag GmbH Co KG, M.

[Steyer, 2014] Steyer, R. (2014). *Einführung in JavaFX - Moderne GUIs für RIAs und Java-Applikationen.* Springer-Verlag, Berlin Heidelberg New York.

[Ullenboom, 2011] Ullenboom, C. (2011). *Java ist auch eine Insel - Das umfassende Handbuch.* Galileo Press, Bonn, 10. aufl. edition.